ÉTAT DE LA NOBLESSE

DE

MARSEILLE.

ÉTAT DE LA NOBLESSE

DE

MARSEILLE

EN 1693

PAR OCTAVE-TEISSIER

Correspondant du Ministère de l'instruction publique,
pour les travaux historiques.

MARSEILLE

VICTOR BOY, LIBRAIRE.

MDCCCLXVIII.

AVERTISSEMENT.

Le document que nous publions fait connaître les noms de tous les nobles et de tous les bourgeois vivant noblement, qui avaient leur domicile dans le ressort de la sénéchaussée de Marseille, en 1693.

Nous devons ce renseignement statistique sur la noblesse marseillaise, à une mesure fiscale imaginée par un ministre des finances à bout d'expédients.

Après avoir créé et vendu un nombre considérable d'offices, parmi lesquels figuraient les offices de crieurs héréditaires d'enterrements, de vendeurs d'huîtres, de contrôleurs-visiteurs des suifs, et de contrôleurs de perruques [1], après avoir épuisé la source féconde des charges municipales [2], M. de Pontchartrain fit ériger en titre d'office héréditaire : un commissaire-inspecteur, un contrôleur-secrétaire et un trésorier du ban et de l'arrière ban, dans chaque bailliage et sénéchaussée.

Le ban et l'arrière ban n'avaient pas été convoqués depuis longtemps, mais ils pouvaient l'être d'un moment à l'autre [3].

---

[1] FORBONNAIS. *Recherches et considérations sur les finances de France.* Paris, 1758. — T. 2. p. 51 et suiv.

[2] Dans la généralité d'Orléans le nombre des fonctionnaires était plus grand que celui des marchands : 6,482 marchands pour 7,747 officiers, tant royaux que municipaux. Voir HENRI MARTIN, Histoire de France, t. XIV. p. 334.

[3] La noblesse de Provence avait été convoquée en 1540 et en 1639. Elle donna, en 1674, une somme de 30,000 livres pour être dispensée du service personnel. Voir : OBSERVATIONS SUR LA VÉRITABLE CONSTITUTION DE LA PROVENCE, au sujet de la contribution des trois ordres aux charges publiques et communes. Aix, 1788. p. 149.

Les nouveaux officiers avaient pour mission de surveiller l'enrôlement de la noblesse et de percevoir les sommes versées par les enrôlés, nobles ou vivant noblement, qui désiraient se soustraire au service personnel. Et, pour faciliter leurs recherches, ordre était donné de dresser, dans chaque bailliage, ou sénéchaussée, un état certifié conforme par le procureur du roi, comprenant : « les noms et demeures des nobles et roturiers possédant fiefs, et de ceux qui vivaient noblement. »

L'Etat et Rôle des nobles marseillais, rédigé par Pierre de Bausset, lieutenant général civil et criminel, et François Rigord, procureur du roi, nous a été communiqué par M. de Magny, directeur de la bibliothèque héraldique de France, et nous avons cru qu'il ne serait pas sans intérêt de la publier ; mais, pour en expliquer l'objet, il fallait y joindre l'édit royal l'arrêt du conseil et les instructions ministérielles qui en avaient ordonné la confection. Ces documents introuvables à Marseille, ont été découverts à Paris par M. Sandré, directeur de la Revue nobiliaire, qui les a mis obligeamment à notre disposition.

EDIT DU ROY

*Du troisième janvier 1693, portant création d'un
commissaire inspecteur, un controlleur secrétaire, et un trésorier du ban et arrière-ban,
en chacun des baillages et sénéchaussées du
royaume.*

(Registré en Parlement, le 23 janvier 1693.)

––––––

Louis par la grâce de Dieu, roy de France et de
Navarre, à tous présens et avenir, salut. Le secours que nous recevons du service du ban et arrière-ban nous paroit mériter beaucoup de considération, tant par l'ancienneté de son établissement
que par la qualité de ceux qui en composent les
compagnies. C'est pourquoy, ayant mis nos troupes
ordinaires sur le pied de subsister sans aucun désordre, et toutes fois avec assez de commodité,
pour que le bon estat auquel elles se trouvent se

fasse glorieusement connoistre en toutes les cam-
pagnes, aussi bien que leur extrème valeur, par
les grands avantages que nous remportons sur nos
ennemis; il semble qu'on pouroit nous faire un
juste reproche si ayant appris que plusieurs d'entre
le corps de la noblesse, qui nous doit estre si cher,
souffrent de grandes incommoditez en nous servant
à l'arrière-ban, nous n'aportions avec beaucoup de
diligence et d'application les remèdes convenables
à un mal d'autant plus insupportable que la cause
en paroit injuste. Car nous sommes bien informez
que le défaut de payement de ce qui peut apartenir
légitimement aux officiers et autres qui servent en
personne à l'arrière-ban, n'est point causé par
aucun manque de fonds, et qu'au contraire il y a
presque tous les ans, dans chaque baillage, un re-
venant-bon des deniers qui se payent par les contribuables et sujets au ban et à l'arrière-ban, mais
que ce désordre provient du divertissement qui se
fait de ces deniers à d'autres usages par ceux qui
en ont la direction et le maniement, et qui n'en
rendent ordinairement aucun compte; c'est ce qui
nous a fait prendre la résolution d'ériger en titre
les commissions de commissaire, controlleur et
trésorier du ban et arrière-ban, afin qu'en faisant
avec plus d'autorité les fonctions attachées à ces
employs, ils puissent plus aisément concourir à

nos intentions et faire cesser ces abus. — A ces causes et autres à ce nous mouvans, de l'advis de nostre conseil, et de nostre pleine puissance et autorité royale.

CRÉATION ET ÉRECTION EN FIEFS.

I. Nous avons, par le présent édit perpétuel et irrévocable, créé et érigé, créons et érigeons en titre d'office, formé et héréditaire, un commissaire inspecteur, un controlleur secrétaire, et un trésorier du ban et arrière-ban, en chacun des baillages et séneschaussées du royaume : pour estre tous les dits offices tenus et possédez en fiefs mouvans de nous, à cause de celuy de nos domaines que nous estimerons à propos ; à la charge de nous payer à chaque mutation un écu d'or de reconnoissance pour tout profit de fief.

FONCTIONS COMMUNES.

II. Les acquéreurs de ces offices assisteront les baillifs et séneschaux et leurs lieutenans, à la comparution de ceux qui auront esté convoquez, à la réception des déclarations qu'ils doivent faire suivant les règlements, à l'examen des excuses lesquelles pouroient y estre proposées, au jugement des amendes et à la taxe qui sera faite sur ceux qui sont sujets et contribuables au ban et arrière-ban.

FONCTIONS PARTICULIÈRES DU COMMISSAIRE INSPECTEUR.

III. Les commissaires-inspecteurs feront la revue des compagnies en présence des baillifs, séneschaux, ou leurs lieutenants, controlleurs, secrétaires et trésoriers; feront dans les lieux de leur route et de garnison, avec les maires, eschevins et officiers des lieux, le logement et la taxe des vivres, fourages et denrées; informeront des faits y contenus, et envoyeront les procès-verbaux et informations au secrétaire d'estat, ayant le département de la guerre.

FONCTIONS PARTICULIÈRES DU CONTROLLEUR SECRÉTAIRE.

IV. Les controlleurs secrétaires auront trois registres : le premier contiendra tous les nobles possédans fiefs, tennemens nobles ou rentes inféodées; le deuxième, tous les nobles ou autres vivant noblement qui n'en possèdent point; et le troisième, tous les non-nobles et roturiers qui en

possèdent, et ce avec les noms , surnoms, qualitez
et demeures de tous ceux compris dans ces registres.

V. Tiendront controlle de la comparution des
convoquez, de leurs déclarations, du jugement des
excuses, des taxes et amendes, des ordonnances de
dispenses, congez et autres actes concernant la
contribution; police et discipline du ban et arrière-ban.

FONCTIONS PARTICULIÈRES DU TRÉSORIER.

VI. Les trésoriers feront la recepte des taxes ,
amendes, contributions, et de tous autres deniers
qui concerneront le ban et arrière-ban ; pourront
décerner leurs contraintes à l'encontre des rede-
vables, en vertu des rolles de taxes, contributions
et amendes qui leur auront esté délivrez , lesquels
seront exécutez nonobstant oppositions ou appellations quelconques , pour lesquelles ne sera dif-
féré ; payeront les appointemens , taxations des
officiers, et autres dépenses du ban et arrière-ban,
sur les mandemens qui en seront décernez par les
baillifs , séneschaux et lieutenans-généraux , visez
par les commissaires-inspecteurs , et controllez
par les controlleurs-secrétaires, lors et pendant que
l'arrière-ban sera dans le baillage, ou que les bail-

lifs et séneschaux le conduiront, et sur les mandemens du commissaire pareillement controllez en
l'absence desdits baillifs, séneschaux ou leurs
lieutenans.

VII. Rendront compte de leur maniement un
mois après le retour du ban et arrière-ban, par devant les baillifs, séneschaux ou leurs lieutenans,
assistez des commissaires-inspecteurs, des controlleurs secrétaires, et en présence de trois des
principaux de la noblesse ou deuement appellez.

ATTRIBUTIONS COMMUNES.

VIII. Et feront au surplus les commissaires-
inspecteurs, controlleurs-secrétaires et trésoriers,
toutes les autres fonctions qui sont attribuées à
leurs charges par les ordonnances des roys nos
prédécesseurs et les nostres, tout ainsi qu'ont fait
ou deub faire ceux qui les ont exercées par le
passé.

DISPENSE DE CAUTION.

IX. Ne seront tenus les dits trésoriers de bailler
caution de leur maniement, attendu la finance qu'ils
auront payée pour raison de leurs offices.

TIRERONT AU SORT LEUR TOUR.

X. Et d'autant que les nobles et autres sujets au
ban et arrière-ban de différents baillages et sénéchaussées d'une même province, ne composent
quelquefois qu'une compagnie de cent gentilshommes, pour laquelle il suffit d'un officier de chacune
des qualitez cy-dessus, voulons audit cas que les
officiers de tous les baillages dont la compagnie
sera composée tirent au sort le tour dans lequel ils
feront successivement la campagne.

XI. Permettons à tous ceux qui seront en tour
de servir la campagne, de commettre à leur place
un des nobles de la compagnie ayant la capacité
requise et nécessaire, dont ils demeureront res-
ponsables, lequel sera par nous agréé sur le rapport qui nous en sera fait par le secrétaire d'estat,
ayant le département de la guerre.

XII. Les officiers qui resteront dans les baillages, remettront les reveues et deniers nécessaires
à ceux qui partiront pour la campagne, à la charge
par eux de remettre à leur retour à chacun des trésoriers qui seront demeurez dans les baillages ce
qui leur pourra rester des dits deniers, avec les
reveues, ordonnances et acquits pour en compter,
ainsi qu'il est dit cy-dessus.

PRÉSÉANCES.

XIII. Dans toutes les assemblées ou les baillifs, séneschaux et leurs lieutenans se trouveront, au sujet des fonctions cy-dessus, concernant le ban et arrière-ban, les acquéreurs des dits offices auront séance immédiatement après eux, et précèderont en toutes autres assemblées les autres gentilshommes de leurs baillages, qui n'auront dignitez ny offices plus relevez.

GAGES ET TAXATIONS.

XIV. Attribuons aux acquéreurs des offices présentement créez les gages, taxations et droits d'exercice qui leur seront réglez en nostre conseil, à prendre les gages annuellement sur nos receptés générales des finances, les taxations et droits d'exercice sur les deniers des ban et arrière-ban.

VACATIONS.

XV. Leur sera payé en outre sur les dits deniers, sçavoir : pour assister à la taxe des fiefs, cinquante livres au commissaire-inspecteur, quarante livres au controlleur-secrétaire, et trente

livres au trésorier, et pour assister à la reddition
du compte, au commissaire-inspecteur soixante
livres, au controlleur-secrétaire cinquante livres,
et à l'égard de la façon du compte, elle sera allouée
au trésorier eu égard à leur travail.

LES OFFICES NI GAGES NE POURRONT ESTRE SAISIS.

XVI. Ne pourront les dits offices estre saisis
réellement, ny même les gages, taxations, droits
d'exercice et émolumens estre arrestez es mains
du trésorier, pour quelque cause que ce puisse
estre, si ce n'est pour ceux qui auront presté les
deniers pour les acquérir, lesquels auront hypo-
thèque et privilége spécial sur les dits offices,
sans qu'il soit besoin d'en faire mention dans les
quittances de finance, mais seulement dans le con-
tract d'emprunt.

EXEMPTION DU BAN.

XVII. Ceux qui auront exercé les dits offices
pendant vingt années, ou qui après ce temps les
vendront ou décèderont en estant encore revestus,
eux et leurs veuves, seront exempts du ban et
arrière-ban, et d'y contribuer en aucune manière
que ce soit.

ÉVOCATION ET SURSÉANCE.

XVIII. Et voulant donner moyen aux acquéreurs des dits offices de les exercer avec assiduité, nous avons évoqué et renvoyé toutes leurs causes, instances ou procez, tant en matière personnelle, réelle, que mixte, en demandant ou deffendant aux baillages, séneschaussées et siéges présidiaux de leur résidence, sauf l'appel en nos cours de parlement; voulons que pendant l'année de leur exercice il soit sursis à toutes procédures qui pouroient estre faites à l'encontre d'eux en matière civile, faisant très expresses défenses de faire aucune instruction ny rendre aucuns jugement sur les procez qu'ils auront, ny de décerner aucune contrainte par corps pour raison de leurs dettes, et à tous huissiers et sergens de les mettre à exécution pendant la dite année.

LETTRES D'INVESTITURE.

XIX. Sera expédié aux acquéreurs des dits offices les lettres nécessaires pour la possession et investiture des dits offices, sur la quittance de finance qu'ils représenteront pour la première fois seulement, et à l'avenir pourront disposer de leurs offi-

ces, comme de leur propre bien, à la charge toutes
fois de prendre nos lettres de confirmation, dont
nous avons fixé les droits à trente livres, sans
estre tenus de nous en payer aucun droit de no-
mination, résignation ou autre, que la simple re-
connaissance d'un écu d'or, ny que les dits offices
puissent estre réputez domaniaux, ny sujets à vente
ny revente.

SERMENT.

XX. Les acquéreurs des dits offices presteront
serment entre les mains de nos amez et féaux,
les gouverneurs et lieutenans-généraux de nos
provinces, en payant trente livres pour tout droit.

NUL AUTRE DISPENSÉ DU BAN ET ARRIÈRE-BAN.

XXI. Et pour d'autant plus remédier aux abus
qui se sont commis par le passé au sujet du ban
et arrière-ban, voulons que les anciennes ordonnances, et spécialement celles des années 1635 et
1639 soient ponctuellement exécutées, ce faisant,
que nul de ceux qui doivent servir ou contribuer
au ban et arrière-ban n'en soit déchargé ni dis-
pensé sans cause légitime et admise par nos ordonnances, pour quelque raison et occasion que ce

soit, sous les peines y portées. — Si donnons en mandement à nos amez et féaux conseillers les gens tenans nostre cour de parlement, chambre des comptes et cour des aydes de Paris , que ces présentes ils ayent à faire lire , publier et registrer , et le contenu en icelles faire exécuter pleinement et paisiblement , cessant et faisant cesser tous troubles et empeschemens qui pouroient estre mis ou donnés , nonobstant tous édits , déclarations, règlemens et autres choses à ce contraires , auxquelles nous avons dérogé et dérogeons par ces présentes, aux copies desquelles collationnées par l'un de nos amez et féaux conséillers et secrétaires , voulons que foy soit ajoutée comme à l'original. Car tel est nostre plaisir. Et afin que ce soit chose ferme et stable à toujours, nous y avons fait mettre nostre scel. — Donné à Versailles au mois dé janvier , l'an de grâcé mil six cens quatre-vingt treize, et de nostre règne le cinquantième. Signé : Louis. Et plus bas , par le roy , Phelypeaux. Et scellé du grand sceau de cire verte.

ARRÊT DU CONSEIL D'ÉTAT.

LE ROY ayant par résultat de ce jourd'huy chargé maître Nicolas du Plantier, bourgeois de Paris, de la vente des offices d'un commissaire-inspecteur, d'un controlleur secrétaire, et d'un trésorier du ban et arrière-ban dans chacun des baillages et séneschaussées du royaume, créez par édit du présent mois, et Sa Majesté voulant faciliter l'exécution des dits édit et arrest, ouy le rapport du sieur de Pontchartrain, conseiller ordinaire au conseil royal, controlleur des finances, Sa Majesté en son conseil, a ordonné et ordonne qu'à la diligence dudit du Plantier, il sera arresté incessamment au conseil des rolles de la finance des dits offices sur lesquels le trésorier des revenus casuels en exercice expédiera ses quittances et les délivrera audit du Plantier sur le récépissé de deux de ses cautions, portant promesse de luy payer les sommes y contenues en deniers ou quittances du garde du trésor royal à sa décharge.

ORDONNE Sa Majesté que dans un mois du jour de la publication du présent arrest, les procureurs des bureaux des finances , ceux des baillages et séneschaussées, ensemble les greffiers des dits baillages et séneschaussées remettront es mains des sieurs intendants et commissaires départis dans les provinces ; sçavoir, les procureurs de Sa Majesté , des bureaux , baillages et séneschaussées , des estats qu'ils certifieront véritables, des noms et demeures des nobles et roturiers possédant fiefs et de ceux qui vivent noblement dans l'étendue de leur ressort, avec les noms, qualitez et situation des dits fiefs , et les dits greffiers, copies d'eux signées des comparutions faites pendant l'année 1691 et la dernière 1692, au ban et arrière-ban, des estats et rolles des contributions et des amendes qui ont esté prononcées à ce sujet, à peine ledit temps passé d'y estre contraints , comme pour les propres deniers et affaires de Sa Majesté , pour lesdits estats, copies des comparutions et rolles demeurés aux greffes des dits sieurs intendants et commissaires départis, et copies d'iceux estre par eux envoyées au sieur de Pontchartrain , conseiller ordinaire au conseil royal, controlleur général des finances. En conséquence ordonne Sa Majesté que sur les dites pièces et sur les déclarations qui seront fournies par les possédants fiefs et autres sujets à l'arrière-ban, lorsque la convocation en sera faite pour la présente année, comme aussi sur les mémoires dudit du Plantier, il sera par les dits sieurs intendants et commissaires départis conjointement avec les baillis et séneschaux, assistez des officiers créez par ledit édit du présent mois, procédé à la confection des estats de la contribution, jugement des amendes, saisies et confiscations prescrites par les ordonnances, desquels estats expédition sera faite et délivrée sans frais au dit du Plantier, ses procureurs et commis, huitaine après la confection, et en vertu d'iceux les y dénommez contraints au payement des sommes y contenues, nonobstant oppositions ou appellations quelconques, pour les deniers provenants dudit recouvrement estre remis aux acquéreurs des dits offices de trésoriers, sinon employez par le dit du Plantier, ses procureurs et commis, ainsi qu'il sera ordonné.

ORDONNE en outre Sa Majesté que ceux qui seront préposez aux fonctions et exercice des dits offices jouiront des priviléges, prérogatives et exemptions dont les titulaires doivent jouir, comme aussi des droits, taxations et remises y attribuez. Enjoint aux dits sieurs intendants et commissaires départis dans les provinces de tenir chacun endroit soy la main à l'exécution du présent arrest, lequel ensemble ce qui sera par eux ordonné sera exécuté nonobstant oppositions ou appellations quelconques desquelles si aucunes interviennent, Sa Majesté a réservé la connoissance à son conseil, et icelle interdit à toutes ses cours et autres juges.— Fait au conseil d'estat du roy, tenu à Versailles, le troisième jour de janvier mil six cens quatre vingt treize. Collationné Signé : ROUILLET.

LOUIS par la grâce de Dieu, roy de France et de Navarre, dauphin de Viennois, comte de Valentinois, Diois, Provence, Forcalquier et terres adjacentes, à nos amez et féaux conseillers ordinaires en nos conseils, les sieurs intendants et commissaires départis pour l'exécution de nos ordres dans les provinces et généralitez de nostre royaume, salut.

Nous vous mandons et ordonnons par ces présentes de tenir la main, chacun à vostre égard, à l'exécution de l'arrest, dont l'extrait est cy-attaché sous le contrescel de nostre chancellerie, et cejourd'hui donné en nostre conseil d'estat pour l'exécution des édits et résultat du présent mois, portant création des offices de commissaire-inspecteur, d'un controlleur secrétaire et d'un trésorier du ban et de l'arrière-ban dans chacun des baillages et sénéchaussées de nostre royaume ; commandons

au premier nostre huissier ou sergent sur ce requis
de signifier ledit arrest à tous qu'il appartiendra,
à ce qu'aucun n'en ignore, et de faire pour son en-
tière exécution et de ce qui sera par nous ordonné
en conséquence, à la requeste da Nicolas du Plantier par nous chargé de la vente des dits offices,
tous commandements, contraintes, comme pour nos
propres deniers et affaires, et autres actes et ex-
ploits nécessaires, sans demander autre permission,
nonobstant clameur de haro, charte nonnaude, oppositions ou appellations quelconques, desquelles
si aucunes interviennent nous nous réservons la
connoissance et à nostre conseil, icelle interdisons
à toutes nos cours et autres juges. Voulons qu'aux
copies dudit arrest et des présentes, collationnées
par l'un de nos amez et féaux conseillers secrétaires, foy soit ajoutée comme aux originaux, car tel
est nostre plaisir.

Donné à Versaille le troisième janvier l'an de
grâce mil six cens quatre vingt treize et de nostre
règne le cinquantième. Par le roy, Dauphin, comte
de Provence, en son conseil, collationné, signé :
Rouillet ; et scellé.

Registrées, ouy et ce requérant le procureur général du roy, pour estre exécutées selon leur forme
et teneur........A Paris en parlement le vingt trois
janvier 1693. Signé : Du Tillet.

M. DE PONTCHARTRAIN

Contrôleur général des finances,

A M. LEBRET

Intendant de Provence [1].

———

Monsieur ,

Le roy voulant remédier aux abus qui se commettent dans la répartition de l'emploi des deniers qui se lèvent pour l'arrière-ban , Sa Majesté a créé en chacun baillage un commissaire inspecteur , un controlléur secrétaire , et un trésorier des deniers de l'arrière-ban, avec des fonctions, gages et droits convenables ainsy que vous verrez par l'édit dont je vous envoye des exemplaires , avec un arrest

1 Lettre autographe. Bibl. imp. Hist. de France, ms. 8847. Collection de Lebret. T. XXVIII. fol. 171.

rendu en conséquence. Et comme en établissant un meilleur ordre dans le service de l'arrière-ban, Sa Majesté s'est en même temps proposé de tirer un secours assez considérable de la finance de ces offices, il est nécessaire suivant cet arrest du conseil que vous obligiez incessamment les procureurs du roy des bureaux des finances, ceux des baillages et séneschaussées, et les greffiers de ces deux juridictions de vous remettre chacun les estats portés par le mesme arrest, sur lesquels estats, ensemble sur les mémoires que vous aurez d'ailleurs par la voye de quelques personnes de confiance, vous ferez une estimation de la somme à laquelle pourra monter la contribution de cette année en chacun baillage et sénéchaussée, et de la finance des offices, eu esgard aux gages et taxations que vous estimerez à propos de départir à chacun d'eux, et par rapport aux droits, honneurs et prérogatives qui leur sont attribuez, de laquelle estimation vous m'envoyerez un estat dont vous pourrez faire remettre autant aux traitans généraux ou leurs commis, et dès que je l'auray reçue je feray aussitost arrester au conseil des rolles de ces offices.

Vous travaillerez cependant avec les baillis, sénéchaux ou lieutenants-généraux aux estats de la contribution, et ensuite au jugement des amendes et confiscations des fiefs, que l'on doit faire tomber indispensablement sur tous ceux qui s'y trouveront sujets aux termes des règlements. Il y faudra apporter de nostre part d'autant plus d'attention que le peu d'exactitude des répartitions et condamnations des années passées a esté la principale cause de la difficulté de tirer beaucoup de service de l'arrière-ban.

Et toutes ces fonctions vous devant sans doute procurer de fréqüentes occasions de voir les principaux de la noblesse et les lieutenans-généraux des siéges, Sa Majesté s'attend bien que vous en profiterez pour chercher avec eux les moyens de luy faire promptement revenir la finance de ces offices; Sa Majesté ne doute pas mesme que vous n'y trouviez assez de facilité, puisqu'il ne s'agit que de trois offices dans chacun baillage, lesquels doivent estre apparemment recherchés par plusieurs gentilshommes et peut estre mesme par tous ceux qui se trouvent exposés au service de l'arrière-ban, C'est ce que Sa Majesté se promet de vostre application et de vostre habileté pour le bien de son service, et je vous asseure qu'en ce cas je ne manqueray pas de vous en faire un mérite auprès d'elle. Je suis, Monsieur, vostre très humble et très affectionné serviteur, PONTCHARTRAIN.

A Versailles, le 26 janvier 1693.

M. DE PONTCHARTRAIN

Contrôleur général des finances,

A M. LEBRET

Intendant de Provence 1.

Monsieur ,

Le roy avait creu il y a quelque temps se trouver obligé de convoquer tout le ban et l'arrière-ban de son royaume , et dans cette intention avoit fait escrire aux gouverneurs d'avertir la noblesse de se tenir preste à marcher dans le temps qui luy seroit prescrit. Mais Sa majesté par un effet de sa bonté ordinaire pour la noblesse ne l'ayant pas voulu engager à servir cette année en plus grand nombre

----

1 Lettre autographe. — Bibl. Imp. Histoire de France , ms. 8847. Collection de Lebret, T. XXVIII. fol. 170.

que par le passé, il y a toute apparence que l'arrière-ban ne sera pas convoqué dans vostre province. Et comme en dispensant ainsy la plus grande partie de sa noblesse du service personnel, Sa majesté a fort diminué l'espérance de débiter les offices de l'arrière-ban, elle résolut, il y a quelques jours, d'en prendre la finance sur le revénant bon de la contribution des fiefs pendant deux années, ainsy que je l'ay escrit par deux lettres des 6 et 17 de ce mois aux intendants des provinces, ou l'arrière-ban a esté convoqué, et desquelles vous trouverez cy-jointes des copies. Il me reste donc à sçavoir pour faire à peu prés la mesme chose dans vostre département si l'on y fait une contribution à cause du service que la noblesse rend quelquefois dans une mesme province, ou s'il y a quelqu'autre expédient par lequel on puisse procurer au roy la finance de ces offices. Je vous prie de l'examiner et de m'en mander vostre sentiment.

Je suis, Monsieur, vostre très humble et très affectionné serviteur, PONTCHARTRAIN.

A Versailles, ce 20ᵉ avril 1693.

Copie de la lettre escrite à MM. les intendants, le 6 avril 1693.

Le roy avoit cru il y a quelque temps se trouver obligé de convoquer cette année tout le ban et arrière-ban de son royaume, ainsi que vous avez veu par les lettres qui vous ont esté escrites par M. de Barbezieux à ce sujet. Je voy cependant beaucoup d'aparence à présent que Sa Majesté, par sa bonté ordinaire pour sa noblesse, ne l'engagera pas à servir cette année en plus grand nombre que les années passées. Mais en mesme temps qu'elle dispense ainsy une grande partie des gentilshommes et autres sujets au ban et à l'arrière-ban du service personnel, et qu'elle diminue par là l'espérance de faire débiter les offices de l'arrière-ban nouvellement créez, dont elle attend un secours considérable, elle ne prétend pas que la contribution en soit faite sur un pied moins fort que celuy porté par les anciens règlements, suivant lesquels autrefois les revenans-bons en estoient portez à l'épargne, ainsy qu'il se justifie par plusieurs comptes rendus à la chambre des comptes de Paris. C'est pourquoy Sa Majesté veut qu'en exécution de l'arrest du conseil du 3e janvier 1693, et de ce qui vous a esté mandé par lettre du 26 du mesme mois, vous mettiez tout en usage pour estre en estat de

faire incessamment une juste évaluation des offices nouvellement créez en chacun baillage, et
une contribution qui y soit proportionnée, pour
que s'il ne se présente point de gentilshommes
pour acquérir ces offices, Sa Majesté puisse y ap-
pliquer suivant le désir de la noblesse de quelques
provinces les deniers qui proviendront de cette
contribution, après les dépenses nécessaires de
l'arrière-ban entièrement payées et Sa Majesté sera
d'autant mieux fondée d'user de cet expédient,
qu'outre qu'elle ne s'en sert qu'au deffaut d'acquéreurs de ces charges, elle pouroit exerçant les
mesmes droits que ses prédécesseurs proffiter de
ces revenans-bons; sans les apliquer en faveur de
la noblesse, à la décharge de l'établissement de
ces offices.

Je suis etc.

Copie de la lettre écrite le 17 avril 1693, à MM.
les intendants.

Je vous ay mandé par ma lettre du 6 de ce mois
les intentions du roy sur ce qui regarde les offices
nouvellement créez pour le service de l'arrière-

ban ; je ne croy pas qu'il soit nécessaire de vous en rien répéter. J'y ajouteray seulement que Sa Majesté veut bien, en considération de la noblesse, que dans les baillages où il ne se trouvera pas incessamment d'acquéreurs de ces offices , la finance en soit prise sur les deniers de la contribution pendant deux années, sçavoir : moitié en celle-cy, et l'autre moitié en l'année prochaine.

Sa Majesté compte qu'en faisant valoir cet expédient à la noblesse comme un ménagement qu'elle veut bien avoir pour elle , cela vous servira aussi de motif pour faire l'évaluation de ces offices sur un pied plus raisonnable que si le payement en devoit estre fait en une seulle année.

Faites , je vous prie , tout de vostre mieux pour donner à cette affaire une règle fixe et certaine , sur laquelle on la finisse au plustost : et comme jusques là le roy veut en estre souvent informé, ne manquez pas de me donner des nouvelles régulièrement toutes les semaines de tout ce que vous aurez fait, et de l'estat auquel elle se trouvera.

ESTAT ET ROLLE

Des nobles possedant fiefs, des Nobles qui ne possédent point de fiefs, des Rotturiers possedant fiefs, et de tous ceux qui ne possedant aucuns fiefs, vivent noblement dans le ressort de la sénéchaussée de Marseille,

DRESSÉ

En conséquence des arrêts du Conseil du troisième janvier dernier, et des ordres de Monseigneur le Premier Président et Intendant de Provence des quatre et vingtseptième février dernier.

I.

Estat des Nobles possèdant fiefs et arrière fiefs.

LE COMTE DE GRIGNAN, lieutenant général pour le roy en Provence, seigneur de Mazargues, qui est le seul fief qui soit dans la sénéchaussée de Marseille, de la valeur de trente cinq a quarante mille escus, ainsi qu'il nous a été rapporté par le juge du dit fief.

L'EVESQUE DE MARSEILLE, baron d'Aubaigne, Signe et Méoune, seigneur de Beausset, Cassis, Château-Vert, marquis de Mallemort, et Mérindol, ressort d'Aix, Arles, Tholon, Brignoles et autres.

ALPHONSE DE FORTIAS DE PILLES, seigneur de Fornille dans le comtat d'Avignon, gouverneur et viguier de la ville de Marseille.

PAUL DE LILLES DE COSTECHAUDE, baron de Peirins, du ressort de Sisteron, gouverneur des iles de Marseille.

JEAN BAPTISTE DE CANNET, marquis de Marignane, Vellaux, Vitrolles, Saint-Cannat, et autres places, ressort d'Aix, gouverneur des Iles de Portecros.

PIERRE D'ARCUSSIA, seigneur d'Esparron, ressort d'Aix.

JEAN ANTOINE DE RIQUETTY, marquis de Mirabeau. de Beaumont, ressort d'Aix.

JEAN FRANÇOIS DE CIPRIANY, seigneur de Saint-Savornin, ressort d'Aix.

JEAN PAUL DE CIPRIANY, seigneur de Capriès, de Trébillane, ressort d'Aix.

CHARLES D'ARMAND, seigneur de Mison en Dauphiné, secrétaire du roy, maison et couronne de France.

NICOLAS DE VENTO, marquis de Pennes, ressort d'Aix.

JEAN BAPTISTE DE FELIX LA REYNADE, marquis de Muy, ressort de Grasse.

CHARLES DE BOUTASSY, marquis du Castellard

et coseigneur de Rosset et Fuveau, ressort d'Aix, trésorier général de France.

Jean Baptiste de Jarente, seigneur de Venelles et Carry, ressort d'Aix et du Martigue.

Charles d'Hermitte, seigneur de Becouadre, ressort d'Aix.

Surléon d'Albertas Saint-Mayme, seigneur de Gemenos, ressort d'Aix.

Pierre d'Oraison, seigneur de Beaulieu, ressort d'Aix.

André de Romieu, sieur de Fos, ressort de Martigues.

Allexandre Joseph de Tournier, sieur de Saint-Victoret, ressort d'Aix.

François de Gaufridy, seigneur de Fos Amfoux, ressort de......

Balthazard de Bourguignon, seigneur de la Mure, ressort de Castellane.

Cosme Alphonse de Valbélle, comte de Ribiez

en Dauphiné , et seigneur da Montfuron en Provence , bailli de Gap.

CHARLES DE CASTELLANE , sieur d'Auzet , de Greasque , ressort d'Aix.

JOSEPH CHARLES DE BAUSSET , seigneur de Roquefort ét de Saint-Martin , ressort de Sisteron et d'Aix.

CHARLES DE MAZENOD , sieur de Beaupré, ressort d'Aix.

LOUIS DE FELIX , baron d'Ollières , ressort de Brignolle.

FRANÇOIS DE CASTELLANE , de Mazaugues , sieur d'Andou , ressort de.....

COSME D'ARENE , sieur de Septèmes , ressort d'Aix.

LOUIS ESTIENNE DE CHAUSSEGROS, sieur de Mimet ressort d'Aix.

FRANÇOIS LE MAISTRE DE BROSSE, sieur de Beaumont, ressort de.....

MARCAMBINE DE VINTIMILLE, seigneur de Figaignière, ressort de Grasse.

JULES D'ALBERTAS DE JOUQUES, sieur de Péchaure, ressort d'Aix.

CHARLES DE GRATIAN, seigneur de Consanone, ressort de.....

MATHIEU DE LÉON, sieur de Treilles et Feuillants en Languedoc.

JEAN FRANÇOIS D'ARMAND, sieur de la Garinière.

DE ROUX, seigneur de Bonneval.

LE CHAPITRE DE L'ÉGLISE CATHÉDRALLE-MAJOR, sieur d'Aillauch, ressort d'Aix.

LE CHAPITRE DE L'ABBAYE SAINT-VICTOR, LEZ MARSEILLE, sieur de Villacrose et Paleison, diocèse de Fréjus.

DE VINTIMILLE, comte de Luc.

II.

Estat et Rolle des Nobles de Marseille qui ne possèdent point de fiefs.

DE LA MOTHE VIALA , cy devant, cappitaine de gallère.

FRANÇOIS DE BÉRENGER , sieur de la Baume.

ROCH DE BOUQUIN.

FRANÇOIS DORIA VENTO LA BAUME.

GASPARD DORIA.

CHARLES DE MONTAUX.

JACQUES DE MONTEAUX.

CHARLES DE MONTEAUX.

CHARLES DE MONTEAUX.

JEAN D'OLLINIER DE SEIGNEURET.

JEAN DE BOUQUIER.

AMAN DE VENFROSY PESCIOLINY.

JEAN DE CIPRIANY DE NAPOLLON.

LOUIS DE BARTHELEMY, secrétaire du Roi en la grande chancellerie.

LUC DU PUY, trésorier général de France, et garde des sceaux.

JEAN BAPTISTE DE GRATIAN.

JEAN LOUIS DE GRATIAN.

PIERRE DE SACCO, cy devant lieutenant de gallère.

FRANÇOIS CARADET DE BOURGOGNE.

CARADET DE BOURGOGNE, cadet.

PIERRE DE GASPARY.

DE BRICARD.

VINCENS DE SALLOMON.

JOSEPH DE LA MURE, cadet.

HENRI DE JARENTE, demeurant chez le sieur de Venellos, son frère.

BARTHÉLEMY DE RAZAC.

JEAN DE CURET.

FRANÇOIS DE CURET, demeurant avec le dit Jean, son frère.

JEAN DE FABRE, fils à feu Gaspard.

GASPARD DE FABRE, fils, émancipé dudit Jean, estant actuellement à Paris.

PIERRE DE CABRE DE ROQUEVAIRE.

JEAN BAPTISTE DE MARGES, secrettaire en la chancelerie de Provence.

CLAUDE DE CABANES, advocat postulant.

FRANÇOIS DE VILLAGES.

MARC ANTOINE D'ARÈNE.

IGNACE D'ARÈNE.

SIMON DE BRUNET.

JACQUES DE BRUNET, demeurant avec ledit Simon, son frère.

FRANÇOIS DE BOISSON, thrésorier général de France.

PAUL DE FELIX LA FERRALIÈRE, thrésorier général de France.

D'AYMARD, thrésorier général de France.

JEAN DE CURIOL, thrésorier général de France.

JOSEPH HUBERT VINTIMILLE DE SOISSONS.

JOSEPH FRANÇOIS DE FRESQUIÈRE.

Jean François de Blanc.

Joseph de Barnoin.

Pierre de Barnoin, présentement mousquetaire du Roy.

Jean de Barnoin, garde-corps du Roy, actuellement au service.

Pierre de Moustier de Carpuagne.

Jacques de Giraudon.

Antoine de Giraudon.

Jean d'Abeille.

Jean Baptiste de Villages de la Salle.

Louis d'Arêne de Mazenod.

D'Arêne cadet, demeurant avec Nicolas de Martin son beau-frère.

Louis de Vento de Saint-Jaume.

JOSEPH DE MARTIN DE DALBERT.

JEAN DE PUGET.

NICOLAS DE MARTIN.

GILLES DE FAUDRAN.

JOSEPH DE FAUDRAN.

FRANÇOIS DE CAZE.

GEORGES DE CAZE.

EMMANUEL DE CAZE.

MARC ANTOINE DE CAZE.

PIERRE DE CAZE, fils du général.

JOSEPH AMAT DUCLOS.

JEAN BAPTISTE DE BRIONNEAU.

ANTOINE DE BRIONNEAU, le cadet de Patac.

GASPARD D'HOSTAGER.

Pierre de Lorrade.

Jacques de Candolle.

Jean de Candolle.

Jacques de Georges, d'Ollières de Luminie.

Claude de Lisle.

François de Bermond.

Marc Antoine de Bermond, demeurant avec ledit François, son frère.

Cézard de Bermond, demeurant avec ledit François son frère.

Christophe de Bermond, demeurant avec ledit François son frère.

Joseph de Bermond, actuellement cappitaine d'infanterie.

Paschal de Léonse.

Joseph de Reinier.

DE BOUSQUET D'ARNAUD.

JEAN FRANÇOIS DE BOUSQUET , demeurant avec le susdit son nepveu.

FRANÇOIS D'AUDIFFRET, fils à feu Louis.

JEAN BAPTISTE D'AUDIFFRET , estant à Paris depuis 5 à six ans.

BALTHEZARD DE VIAS.

MARC ANTOINE DE VIAS , fils du susdit , émancipé , demeurant avec son père.

PIERRE DE MONIER dit BARBEDOR.

BENOIST DE MONIER D'AUDIFFREDY.

JEAN DE SEIGNEURET.

PIERRE DE SEIGNEURET.

JOSEPH DE SEIGNEURET , demeurant avec ledit Jean , son frère.

PIERRE DE LIBERTAT.

Fortuné de Libertat, lieutenant colonel d'infanterie, estant actuellement au service.

Melchion d'Escallis.

André d'Escallis.

Henry d'Escallis.

Jean de Marin.

André de Marin, frère du susdit, demeurant avec lui.

François d'Oraison, le cadet.

De Monier, fils de Nicolas.

Esperit de Moutte.

François Aigneau.

Jean Baptiste de Lobet, cy devant cappitaine de cavallerie.

Nicolas Grimaud, cappitaine de cavallerie, actuellement au service.

Antoine de Gilles.

Robert Fortuné de Ruffi.

Louis de Ruffi.

Jean dé Fouquier, thrésorier général de France.

Lazare de Fouquier, actuellement cappitaine de Dragons.

Charles d'Arcussia du Revest.

Jean François d'Albissy, secrétaire du roy.

Jean Baptiste de Félix, cy devant controlleur des galères, estant à Paris depuis 8 ans.

Jean de Férix, fils de Barthélemy.

Joseph de Bègue.

Laurens d'Arvieux, chevalier de l'ordre de Saint-Lazare.

François d'Arvieux du Canet.

CLAUDE DE MONIER D'AIGLUN.

N...... DE MONIER MAUBOUSQUET D'ORDET, demeurant avec le susdit.

CHRISTOPHE DE SABATTERIS.

JOSEPH DE RIQUETTY DE CAPUS.

OCTAVE DE MONIER.

JOSEPH D'ALLARD.

IGNACE D'ESPERIES DE BONIN.

MARCANT D'ARBAUD DE PORCHÈRES, oncle.

JOSEPH D'ARBAUD DE PORCHÈRES, beau-frère d'Aymard.

RIPERT D'AVIGNON DE SANORNINE.

GUILLAUME DE PELLICOT, le cadet.

FRANÇOIS DE PELLICOT, fils de feu M. Bernardin, advocat.

François de Lombard de Saint-Cille.

François de Mande.

François de Vincheguerre.

Doria de Saturnon.

Claude de Cottereau.

Jean Baptiste de Martin, beau-frère de Dupuis

Jean Baptiste de Besson, advocat non postulant.

François d'Arnaud, advocat postulant.

Jean d'Arnaud, frère du susdit, demeurant avec lui.

De Bourecueil.

Jean François de Mallenq.

Bernard Morgan d'Irlandais.

Jean d'Estienne Chaussegros, frère du sieur de Mimet.

JEAN FRANÇOIS DE BLANC, frère de feu François.

FRANÇOIS DE SERRE } frères, demeurant ensemble.

HENRY DE SERRE

LOUIS DE RIANS, advocat postulant, consul présentement à Smyrne.

JOSEPH DE RIANS, fils, présentement à Smyrne.

D'ATHENOSY.

JEAN BAPTISTE DE BLANC oncle. } demeurant ensemble.

DE BLANC, neveu.

DE PENA.

DE RAZAC, le cadet.

III.

Estat et Rolle des Bourgeois de la ville de Marseille, possèdants fiefs.

FRANÇOIS ROBOLLY, sieur de Baumettes, ressort de Tholon.

NICOLAS ESTIENNE, sieur de Beauregard, ressort d'Arles.

FRANÇOIS DE GÉRARD, de Benat, ressort de Grasse.

CHRISTOPHE GUIRAUD, de la Bremondière, sieur de Saint-Martin, ressort de Sisteron.

CLAUDE BAGUET, sieur de la Condamine, ressort de Nismes.

JEAN OLLIVIER, seigneur du Puget, ressort de Tholon.

JEAN FRANÇOIS DE MICHEL, sieur de Pierrefeu, ressort d'Aix ou Martigues.

JACQUES FORT, sieur de Sinabelle, ressort d'Aix

NICOLAS GUEYDON, fils de Louis, sieur de Planque en Languedoc.

MICHEL BORRELLY, sieur de Brest, ressort de...

IV.

Estat et Rolle des particuliers de la ville de Marseille, vivant noblement, et des advocats postulants et non postulants.

André Ganay.

Pierre Ganay.

Jean Baptiste Ganay.

} fils de feu Jean Baptiste, demeurant ensemble.

Jean Vidaud, ancien cappitaine de cartier.

Joseph de Beau, fils de feu Pierre.

Marseille Brouillard.

—

François Crouzil.

Charles de Séguier, fils de feu Jean Louis.

LAZARE BETANDIE, fils du procureur du roy, au bureau des finances.

JOSEPH DUPONT, fils de feu Jean Pierre.

FRANÇOIS DE COLOMBY DE BASTIN.

JEAN DE BASTIN.

N...... BASTIN.

} les deux frères, demeurant ensemble.

VINCENT VIGUIER, fils à feu Jean, consul pour le roy à Seyde.

FRANÇOIS FAVERIE, fils de feu Jean, gentilhomme de M. de Guise.

JEAN CARRAIRE, advocat, non postulant.

LOUIS MARSEILLE PORRY, fils de feu Louis, ancien Eschevin.

PAUL DE GUIBERT DE CHATEAUSELET, ancien cappitaine de cavalerie.

THOMAS DE GUIBERT, cadet.

Jean Paul de Guibert , autre frère , cadet.

Claude Deidier , ancien cappitaine d'infanterie

De Croizet , fils de feu Pierre , consul en l'Eschelle de Seyde.

Jean Baptiste de Croizet , advocat, non postulant.

Nicolas Pierre de Cellier , fils de feu Jean, ancien Eschevin.

Pierre de Cellier.

Balthazard François de Cellier

Jean Antoine de Cellier.

} frères du susdit, demeurant avec leur aîné.

Jean Pierre Franchiscou , ancien cappitaine d'infanterie.

Joseph François de Boutassy , fils de feu Louis, ancien Eschevin.

Mazerat , jadis cappitaine d'infanterie , fils de feu Prédéric.

LOUIT GARDANNE , présentement à Paris , fils de feu Jean, advocat.

HECTOR VIGUIER , fils de feu Pierre , consul d'Alept et de Seyde.

EYGAZIER , fils de Eygazier, l'advocat.

JACQUET D'ESCAMPS , fils de feu Jean, advocat en la cour.

JEAN BAPTISTE BOISSELLY , advocat, non postulant.

FRANÇOIS BOISSELLY , advocat, non postulant.

JEAN FORT, présentement Eschevin de Marseille.

ALEXANDRE FORT , jadis officier d'infanterie, fils de feu Claude, lieutenant de gallères.

FRANÇOIS BERGER

JEAN BERGER

} frères, demeurant ensemble.

JEAN BAPTISTE FRANCHISCOU , fils de feu Marc.

JEAN GILLES , fils de feu Simon.

MARSEILLE BARBEROUX, advocat non postulant, fils de feu Lazare.

SAINT-JACQUES, jadis cappitaine d'infanterie, fils de l'advocat du roy.

MAZENOD, fils de feu François, ancien Eschevin.

PIERRE DE SAINT-JACQUES, ancien Eschevin.

ANDRÉ VENTURE, fils de feu Jean.

FRANÇOIS FERRENQ.

JEAN BAPTISTE BASTIDE, fils de feu Jean Sébastien.

BALTHEZARD MIGNOT, advocat non postulant et présentement député du commerce.

PIERRE MIRABEL, fils de Jean.

ACCASSI ROUX.

ANTOINE ROUX.

} fils de feu Accassy.

GUILLAUME AMFOSSY.

DOMINIQUE CAPPUS, advocat, non postulant.

FRANÇOIS BEAU, advocat, non postulant, fils de feu Jean.

JEAN FRANÇOIS BETANDIE.

JEAN CREISSEL DE PAUL.

NOEL FRANÇOIS FABRE, gendre de la Dame de Montauron.

MICHEL DE JEAN, fils d'Estienne, cappitaine de vaisseau du Roy.

JULLES DE VIRELLE.

JOSEPH DE VIRELLE, fils émancipé audit Julles.

PIERRE DE CODONEAU, de Sainte-Colombe.

JEAN CHOMEL, advocat postullant.

JEAN JOACHIM CHOMEL, advocat, non postullant.

JEAN BORRELLY DE MARROTY.

Joseph Moustiers, frère de Simon.

Jean d'Arlet.

Jean Antoine Dot, fils de feu Pierre.

François d'Eygazier, frère du susdit, ancien consul de Seyde.

Joseph d'Egazier.

Jean Antoine Mignot, demeurant à la Frache.

De Paul de Saint-Just.

Jean Gazel de Ponsoye, advocat non postulant.

Espanet, fils du feu lieutenant de galère.

Villacroze, fils de......

Garcin, advocat, non postulant.

Balthazard Bonnecorse, ancien Eschevin.

François Paul, advocat postulant, fils de feu M. Jean Paul.

JEAN BAPTISTE CHAMBON, cy-devant garde du corps du roi.

NICOLAS COUSINERY, fils de feu Jean, ancien Eschevin.

PIERRE ALLARY.

LANGE CORNIER, ancien Eschevin.

HONORÉ CORNIER, advocat non postulant, neveu du susdit, demeurant avec lui.

FRANÇOIS FOUQUIER, fils de feu Pierre, Censal.

JEAN DUPUIS, cadet, fils de feu Antoine, ancien Eschevin.

GRATIAN, ancien lieutenant d'infanterie, fils de feu Pierre.

NICOLAS FERRARY, fils de feu aultre Nicolas.

BARTHÉLEMY COTTA, cadet, fils de feu François, ancien officier d'infanterie.

JEAN DE BUZENS.

Jean de Villeneuve.

De Solle, advocat non postulant, fils de feu Pierre, advocat.

Vellin, fils de feu.......Vellin, frère de l'advocat.

Jean Vellin, advocat postulant.

Antoine Gras, advocat postulant.

Balthazard Napollon, cy-devant officier d'infanterie, fils à feu Jean.

Jean Baptiste Dupont, ancien Eschevin.

Claude Estienne, advocat postulant.

Jean Baptiste Barthélemy, frère du secrétaire.

Pierre Durand, advocat non postulant.

Alphonse Latil,

Jean Latil, } frères demeurant ensemble.

JACQUES DURAND, de l'Admirauté.

JEAN DE CHEILAN.

JEAN ROMAN.

JEAN PIERRE DURAND, de Gilles.

BALTHÉZARD DELORME, fils à feu Nicolas. advocat.

IGNACE LATIL.

SCIPION ANTOINE LATIL) frères demeurant ensemble.

JEAN BAPTISTE JUST.

ANTOINE GRANGE,

BLAIZE GRANGE, fils à feu Claude, ancien Eschevin.

JEAN FABRE, fils à feu Jourdan.

HONNORÉ MARTIN DE MARROTY

CHAVIGNY, fils à fea Laurens, actuellement au service.

Antoine Broquery.

Joseph Fersan.

Jean Baptiste Bevolan.

Jean Pierre Blanc, fils de Jean Baptiste, ancien Eschevin.

Christophle Deidier, advocat postulant.

Marc Franchescou, advocat postulant.

Joseph Bayol, advocat postulant.

Boniface Cannet, advocat postulant

Jean Baptiste Amoureux, advocat postulant.

Pierre Arnoux, advocat postulant.

François Lyon, advocat postulant.

Joseph Cordier, advocat postulant.

Jean Baptiste Cotta, advocat postulant.

PIERRE COTTA , advocat postulant.

FRANÇOIS RAVEL , présentement assesseur.

LOUIS RAVEL , advocat postulant.

HONNORÉ OLLIVIER , advocat postulant.

THOMAS BARBARIN , advocat postulant.

JOSEPH DELAYE , advocat postulant.

PAUL FRANÇOIS ESTELLE , advocat postulant.

JEAN ANTOINE BOUSQUIER , advocat postulant.

ALLEXANDRE MAURE , advocat postulant.

JEAN CARFUEIL , cy-devant advocat postullant et
à présent marchand à balle ouverte.

JEAN LOMBARD , advocat postulant.

ROUSTAN HONNORÉ BELLIARD . advocat non postulant.

FRANÇOIS DE CABRE , advocat non postulant.

Beber, advocat non postulant.

Sébastien Allemand, advocat non postulant.

François d'Artigues, major présentement d'un régiment estranger qui est au service de Sa Majesté

Charles Delorme, ancien thrézorier de la communauté.

Barrigue, cy-devant Eschevin.

Pierre Roux de Cavaillon.

Denaye, advocat non postulant.

Broglia, advocat postulant.

V

Estat et Rolle des Bourgeois de la ville de Marseille, vivant de leurs revenus.

JACQUES OLLIVIER CHAUTARD.

PIERRE OLLIVIER , frère audit.

NICOLAS JULLIEN , ancien Eschevin.

PIERRE CAPUS , frère de l'advocat du Roi.

CHARLES MICHEL DEMERIC.

ROLLAND FRÉJUS , fils à feu Louis.

FRANÇOIS MAZERAT , fils à feu François , consul de Satalie.

JOSEPH ROBOLLY , fils de feu Jean Antoine , ancien Eschevin.

COSME MAILLARD, fils à feu François, marchand.

JEAN PIERRE SAVIGNON
BARTHELLEMY SAVIGNON
} frères demeurant ensemble.

ANDRÉ DE MOULAT.

JEAN JACQUES DE GRÉOUX
N....... DE GRÉOUX
} frères demeurant ensemble.

N..... LOURSOLLINE
OLLIVE, le cadet, son frère.
} fils de feu Estienne.

CYPRIEN REVEST DE SAINT-BARNABÉ.

HIEROSME MARROTY, fils à feu Jean, ancien consul de Marseille.

PIERRE DESSAULT
MARC ANTOINE DESSAULT
JEAN BAPTISTE DESSAULT
} frères.

LAZARE DE FANTIN.

COUSTAN CAIRE.

PIERRE RIGON.

JEAN DE LUEIL, beau-fils de Rigon.

COSME BEAU.

JEAN BAPTISTE SIMILLIER.

JEAN BAPTISTE SEREN, présentement Eschevin de cette ville.

JEAN BAPTISTE SEREN, neveu dudit Eschevin.

PIERRE SEREN.

LOUIS SEREN, son fils.

CHARLES LOMBARD, jadis notaire.

NICOLAS ISNARD, gendre de Ollive.

NICOLAS CAIRE DE LA MAJOR.

JACQUES TARON.

LOUIS TARON.

N..... TARON.

} demeurant ensemble.

PIERRE MAZET.

BALTHEZARD AMPHOUX, dit PARROYE.

FRANÇOIS GARCIN, fils à feu Jean.

NOEL BONACHERE, de la porte de Rome.

PIERRE GRAFFIGNE, fils à feu.

CLÉMENT LOBET, fils à feu Gaspard, notaire de cette ville.

CLAUDE DALMAS.

ANTOINE SIMON, demeurant à l'agrandissement.

GASPARD BLANDIN.

CADIÈRE, fils à feu Jean.

Nicolas Campon de la Pome.

Jean Boyselly, gendre de Bernard.

Louis de Gaye, demeurant à la rue St.-Claude.

Geoffroy, fils de André.

Delascours, fils à feu Pierre.

Balthezard Arnaud. 〉 frères demeurant au
N..... Arnaud. 〉 cheval blanc.

Jean Arnaud. 〉 frères demeurant à la
N...... Arnaud. 〉 fontaine neuve.

Louis Bouguignan, à la pierre qui raye.

Claude Toupin.

Barthellemy de Laurent, beau-frère d'Archimbaud.

Claude Torcat.

JOSEPH ROUSSON.

REYMOND ROUSSON. } frères.

MARTIN MALAVAL, fils à feu Jean, vivant marchand.

JEAN LE FÈVRE, ancien Eschevin.

FRANÇOIS CASTOR, fils à feu Benoit.

THOMAS ESTIENNE, ancien Eschevin.

MICHEL FERRY DE SAINTE-CLAIRE.

BAYARD, fils à feu Claude, marchand.

JOSEPH BILLON,

MATHIEU BILLON.

N..... BILLON. } fils à feu Jacques.

JACQUES BILLON DE ROLLANDIN.

JEAN BAPTISTE MATHELLIAN, de Tolodet.

JEAN BATAGLINI, gendre de M. Gras l'advocat.

FRANÇOISE BATAGLINI, oncle.

LAZARE BRUNET.

TRUC, fils de feu Dominique, ancien consul.

GARDANE, fils de feu Louis, ancien Eschevin.

GABRIEL DURRANC, fils du procureur.

JOSEPH DURRANC, fils dudit, demeurant ensemble

PHILIPPES GOUJON, de la place neuve.

ANDRÉ SALLADE.

NICOLAS LAMBARDON, fils à feu Jean, Censal, de présent à Paris.

VICTOR THOARD.

PHILIPPE ARTAUD.

AMBROISE ARTAUD.

} frères, fils a feu Thomas; droguistes, demeurant ensemble.

BARTHELLEMY DURAND, beau-frère.

JEAN DURAND, de BOU-CHER.

N....... DURAND.

} fils à feu André.

JOSEPH NOGARET, fils à feu Marchand.

SÉBASTIEN FLECHON.

LOUIS ALLIEZ.

VINCENT BOYER, beau-père de M. l'advocat du roi Dupont.

JACQUES REMUZAT, père.

JEAN CHARTRAS.

JEAN ANTOINE POETE, fils à feu Jean-Baptiste Poete.

ANTOINE BOURRAU.

GASPARD VITALLIS D'AMPHOSSY.

ANTOINE RÉMUZAT, filz à feu Pierre, droguiste.

ESTIENNE MICHEL DALLAUCH.

JOSEPH BAZAN, jadis capitaine de Carbier. (sic).

PIERRE BARDON, fils à feu Jean.

HENRY ALPHANT, (de la pierre qui raye).

ESTIENNE MÈRE.

CHARLES DE L'ORME DE BOVENADONE.

REYMOND REISSON.

JEAN RIPERT DE BLANC.

JOSEPH BELLERET, cadet.

JEAN BAPTISTE BLANC, père, ancien Eschevin.

MARC ANTOINE LAMBERT, gendre de Boulle

ADAM BRUN, beau-père de Rome.

Marc Antoine Reynaud, présentement thrésorier de la ville, (rayé pour estre mort depuis 2 ou 3 jours).

Bonachere, fils dudit André.

Estienne Gratian, gendre de Conté Lauffier.

Antoine Virelle, fils à feu Jean Louis.

Jean du Roure.

Mathieu Coissinier.

Bernard, gendre de Latil.

Jean Bernard, gendre de Benecorse.

Guillaume Brun.
Pierre Brun. } frères, fils du maistre de Mail.

Drivet, cy-devant notaire.

Balthezard Rebutty.

Gueirard, beau-frère de Rigou.

JEAN BOULLE, de Sabain.

ALLEXANDRE HOU.

JACQUES ARNAUD.

} demeurant ensemble
à la fontaine neuve.

ALLEXANDRE ARNAUD.

BELLEROT, gendre de Brouillard.

CHOMEL, fils de Désiré.

PASSAIRE.

JOURDAN DE LA MAJOR.

VILLY.

ELZEAS TARON.

REYMOND ISOARD.

ANTOINE LONG.

N..... GRENIER.

} frères, demeurant
proche la poissonnerie.

N..... GRENIER.

AURIOL.

ESPERIT PICQUET.

CHARLES CHAULAN.

N..... CHAULAN. } fils à feu Louis.

JEAN EMERIC, cy-devant notaire.

PANTELIN PONCET, rue de la Cottellerie.

GUILLAUME ARTUFEL, derrière les Carmes déchaussez.

BISCARRE.

JEAN BRONDE.

LAMBERT, gendre de Boulle.

JEAN BRUN, rue de Romme

JACQUES VIN, à la rue de Romme.

CAUVIN, rue de Rome.

PIERRE MAZIERES.

PRUNIER, à la rue de nostre Dame des Monts.

MÉDICIS, rue dés Arcs.

HONNORÉ SIMIAN, rue des Arcs.

CAUVIN, à la Poissonnerie neuve.

FABRE, jadis commis du sieur Charles.

LAUGIER, gendre de Chesnaud.

OLLIVE, fils de Lauffier.

JEAN CAVAILLON.

REYNAUD, jadis marchand de soye.

REGAILLET, à l'agrandissement.

THOMAS CAUVIN, à la Trinité.

PIERRE MAZET, demeurant vers les enfants abandonnés.

FRANÇOIS MAUNIER, père, à la fontaine neuve.

BOUTASSY, proche Saint-Antoine.

ESTIENNE DE L'ESTRADE ⎫
⎬ rue des Carmes.
JEAN BŒUF. ⎭

HENRY DENAYE, à la descente des Carmes.

CHARLES OLLIVIER.

GAY.

ESTIENNE BAYON, jadis greffier de l'admirauté.

JEAN BAPTISTE CONTE, jadis procureur.

HONNORÉ SALLINE, jadis horphevre.

ANTOINE NOBLE.

AUDIER, fils du corroyeur à la Roquette.

PHILIP, vers Saint-Jaume.

MINJARD, rue des Sabres.

RAMBERT, rue des Sabres.

GAZIGNERY, fils du médecin.

ASTOUR.

JEAN BAPTISTE DELAMER.

BOISSON, à la porte des Réformez.

BERNARD PIERRE, rue du Prat.

GASPARD ALPHERAN.
JEAN MICHEL ALPHERAN } rue du Prat.

MAURAN, vers le collége.

AMFOUX, vers la fontaine de l'Aumosne.

CODONEAU, frère du chirurgien.

MAROTTY DE SAINT-JACQUES.

LOUIS BAIN DE LA MONNOYE.

JEAN BAPTISTE BLANC, jadis plumassier.

GUITTON, rue du Trésorier général Curiol.

JACQUES MARIN, frère à feu François.

JEAN MONGIN.

DURAND, vers la rue de Rodeaux.

SIMON PIERRE, rue de Saint-Sauveur.

VERNET, aux petits Jésuites.

ANDRÉ GUACHE, à la place de Vivaux.

DELASCOURS DE MARTIN.

JEAN JACQUES BENNAT, à Saint-Jean.

LOUIS GASQUI.

COSME BOURDON.

DESIRÉ BENSSE, au pavé d'Amour.

JUGE, cy-devant notaire.

CLAUDE AYMARD, rue de l'Estrieu.

Antoine Caillol.

Barthellemy Gontard

Jean Pierre Borrelly

rue de l'Estrieu.

André Servan.

Jean François Rouman.

Granette, de la place des Hommes.

Antoine Vitte, fils à feu André.

Amalric, à la Poissonnerie neuve.

VI

Estat et Rolle des Officiers du siége et Jurldiction de la ville de Marseille.

PIERRE DE BAUSSET, conseiller du Roi, lieutenant général, civil et criminel des appellations et police.

JEAN BAPTISTE MARSEILLE-VENTURE, conseiller du Roi, lieutenant général aux soumissions.

ANDRÉ DE LA GARDE, conseiller du Roi, lieutenant particulier au séneschal et assesseurs aux soumissions.

ANTOINE DE PELLEGRIN, conseiller du Roi audit siége et doyen.

JACQUES DUPRAT, conseiller du Roi audit siége.

JEAN JACQUES GONSOLIN, conseiller du Roi audit siége.

Jean Baptiste Guillot , conseiller du Roi audit siége.

François Rigord , conseiller , advocat et procureur du Roi audit siége et juridiction de la dite ville.

Joseph Dupont , conseiller , advocat et procureur du Roi audit siége et juridiction de la dite ville.

Hierosme d'Audiffret , conseiller du Roi, lieutenant général, civil et criminel au siége de l'Admirauté de la ville de Marseille.

Bazile Godemar , conseiller et procureur du Roi au siége de l'Admirauté.

Jean Paul de Foresta , conseiller du Roi , juge royal, civil et criminel au tribunal du palais.

Nous , Pierre de Bausset , conseiller du Roi , leutenant général, civil et criminel en la séneschaussée de Marseille et François Rigord , aussi conseiller, advocat et procureur du Roi en la mesme séneschaussée , certifions avoir dressé avec toute l'exactitude qui nous a été possible les Estats et Rolles ci-dessus, conformément à l'arrest du Con-

seil d'Estat du troislème janvier dernier, et suivant les ordres de Monseigneur le premier président et intendant en Provence.

Fait à Marseille, le onziesme avril mil six cent
quatre vingt treize.

DE BAUSSET.   RIGORD.

TABLE DES MATIÈRES.

FIN.

TIRÉ A 270 EXEMPLAIRES NUMÉROTÉS.

———

100 exemplaires sur papier ordinaire.

100   id.   de Hollande.

60   id.   ancien.

10   id.   parchemin.

ERRATA.

P. 37 lig. 12 *au lieu de :* Fortias.   *lises* Fortia.
P. 37 lig. 13   —   Fornille ,   — Forville.
P. 37 lig. 15   —   Lilles ,   — Pilles.
P. 37 lig. 16   —   Peirins ,   — Peiruis.
P. 38 lig. 11   —   Capries ,   — Cabriès.
P. 38 lig. 19   —   Reynade ,   — Reynarde.
P. 39 lig. 5   —   Becouadre,   — Belcodène
P. 40 lig. 14   —   d'Areme ,   — d'Arène.
P. 41 lig. 9   —   Garinière,   — Garcinière
P. 41 lig. 5   —   Consanone,   — Consanove
P. 44 lig. 2   —   Ollinier,   — Ollivier.
P. 45 lig. 6   —   Venellos ,   — Venelles.
P. 52 lig. 11   —   Férix,   — Félix.
P. 53 lig. 12   —   Sanornine,   — Savornin.
P. 54 lig, 1   —   Saint-Cille ,   — Saint-Gille
P. 54 lig. 12   —   Bourecueil ,   — Baurecueil
P. 64 lig. 4   —   Betandie ,   — Betandier.
P. 77 lig. 1   —   Campon ,   — Campou.
P. 79 lig. 2   —   Françoise ,   — François.
P. 79 lig. 10   —   Lambardon,   — Lombardon
P. 81 lig. 3   —   Carbier,   — Quartier.
P. 81 lig. 7   —   Bevenadone ,   — Beladone.
P. 82 lig. 5   —   Lauffier ,   — L'auffier.
P. 82 lig. 10   —   Benecorse   — Bonecorse
P. 85 lig. 8   —   Lauffier ,   — L'auffier.
P. 86 lig. 14   —   Sabres ,   — Fabres.
P. 87 lig 1   —   Sabres   — Fabres.

Draguignan , imprimerie de C. et A. Latil.

0